L'ARABE
dans votre poche

1 000 MOTS POUR SE DÉBROUILLER
DANS TOUTES LES SITUATIONS

LAROUSSE

LES MINI LAROUSSE

21, rue du Montparnasse
75283 Paris Cedex 06, France
www.larousse.fr
ISBN : 978-2-03-587281-4

Direction de la publication
Carine Girac-Marinier

Direction éditoriale
Claude Nimmo

Édition
Giovanni Picci

Rédaction
Ziad Bou Akl

Relecture
Amir Dakkak

Direction artistique
Uli Meindl

Conception graphique
Sophie Rivoire

Mise en page
Jérôme Faucheux

Informatique éditoriale
Dalila Abdelkader

Fabrication
Marlène Delbeken

SOMMAIRE

Les planches illustrées

Les expressions incontournables

لَو سَمَحْت!

law samaḥt !

S'il vous plaît !

(pour demander)

تَفَضَّل!

tafaḍḍal !

S'il vous plaît !

(pour offrir)

شُكْرًا!

chukran !

Merci !

عَفْوًا!

ʿafwan !

De rien !

عَفْوًا!

ʿafwan !

Pardon !

عُذْرًا!

ʿudhran !

Excusez-moi !

أَهْلاً وَسَهْلاً!

ʾahlan wa-sahlan !

Bienvenue !

مَرْحَبًا!

marḥaban !

Bonjour !

صَباح الخَيْر!

ṣabāḥ al-khayr !

Bonjour ! *(le matin)*

مَساء الخَيْر!

masāʾ al-khayr !

Bonsoir !

لَيْلة سَعيدة!

layla saʿīda !

Bonne nuit !

إلى اللِقاء

ʾilā al-liqāʾ !

Au revoir !

أَراكَ بَعْدَ قَليل

ʾarāk baʿda qalīl

À tout à l'heure !

نَعَم.

naʿam.

Oui.

لا.

lā.

Non.

Comment prononcer l'arabe

Voici quelques conseils pour lire correctement la transcription présente dans cet ouvrage.

Vous trouverez parfois un petit tiret juste au-dessus des voyelles a, i et u (= ou). Cela veut dire que ces trois voyelles sont longues.

Le point en dessous des lettres d, s, t et z indique qu'elles sont emphatiques, et vous les prononcerez en reculant légèrement la langue vers la gorge.

Le th est celui du mot anglais *thing* et le dh correspond à celui que l'on trouve dans le mot *that*.

Le h se prononce comme celui du mot allemand *haben* et le kh comme la *jota* espagnole. Le ' joue phonétiquement le rôle d'une rupture dans la prononciation, comme le *h* dans 'le hasard', mot qui vient d'ailleurs de l'arabe *az-zahr* (le dé).

Quant au r, il est roulé comme en italien, tandis que le gh se prononce exactement comme le *r* parisien.

Le ḥ est un souffle sourd, le même que l'on émet lorsqu'on est essoufflé.

Le ᶜ se prononce en serrant la gorge et le q est un *k* qui se prononce du fond de la gorge.

1 Se présenter

- prénom .... الاسْم
  al-ism
- nom de famille .... الشُهْرة
  ach-chuhra
- âge .... العُمْر
  al-ᶜumr
- sexe .... الجِنْس
  al-jins
- adresse .... العُنْوان
  al-ᶜunwān
- nationalité .... الجِنْسيّة
  al-jinsīya
- numéro de téléphone ...... رَقم الهاتِف
  raqm al-hātif
- e-mail .... العُنْوان البَريدي
  al-ᶜunwān al-barīdī

Le sexe

- garçon .... صَبيّ
  ṣabī
- fille .... بِنْت
  bint

رَجُل
rajul
homme

امرَأة
imra'a
femme

طِفْل
ṭifl
enfant

L'état civil

- célibataire *(homme)* ... أَعْزَب
  aᶜzab
- marié(e) .... مُتزَوِّج(ة)
  mutazawwij(a)
- fiancé(e) .... خَطيب(ة)
  khaṭīb(a)
- divorcé(e) .... مُطَلَّق(ة)
  muṭallaq(a)
- célibataire *(femme)* .... عَزْباء
  ᶜazbā'

عَيناهُ خَضْراوان

ᶜaynāhu khaḍrāwān

Il a les yeux verts.

La couleur des yeux

عَيناي زَرقاوان

ᶜaynāya zarqāwān

J'ai les yeux bleus.

عَيناكِ سَوداوان

ᶜaynāki sawdāwān

Tu as les yeux noirs. *(à une femme)*

عَيناكَ بُنِّيان

ᶜaynāka bunnīyān

Tu as les yeux marron. *(à un homme)*

عَيناها مُكَحَّلَتان

ᶜaynāhā mukaḥḥalatān

Ses yeux sont fardés. *(de khôl)*

La coiffure

شَعْرُها طَويل.
chaʿruhā ṭawīl.
Elle a les cheveux longs.

أبي أَصْلَع.
ʾabī aṣlaʿ.
Mon père est chauve.

شَعْرُكِ مُجَعَّد.
chaʿruki mujaʿʿad.
Tu as les cheveux bouclés. *(à une femme)*

شَعْرُهُ قَصير.
chaʿruhu qaṣīr.
Il a les cheveux courts.

- blond .... أَشْقَر ʾachqar
- blonde .... شَقْراء chaqrāʾ
- brun .... أَسْمَر ʾasmar
- brune .... سَمْراء samrāʾ
- roux .... أَصْهَب ʾaṣhab
- rousse .... صَهْباء ṣahbāʾ
- moustaches .... شَوارِب chawārib
- barbe .... لِحْية liḥya

Se présenter

Se décrire

- jeune .... شابّ(ة) chābb(a)
- vieux, vieille .... عَجوز ʿajūz
- grand(e).... طَويل(ة) القامة ṭawīl(at) al-qāma
- petit(e)..... قَصير(ة) القامة qaṣīr(a) al-qāma
- beau, belle .... جَميل(ة) jamīl(a)
- laid(e) .... قَبيح(ة) qabīḥ(a)

La famille

- la famille .... العائلة al-ʿāʾila
- père .... أَب ʾab
- mère..................... أُمّ ʾumm
- fils .... اِبْن ʾibn
- fille .... اِبْنة ʾibna
- frère .... أَخ ʾakh
- sœur................. أُخْت ʾukht
- grand-père .... جَدّ jadd
- grand-mère............ جَدّة jadda
- oncle *(paternel)* .... عَمّ ʿamm
- tante *(paternelle)* .... عَمّة ʿamma
- oncle *(maternel)* .... خال khāl
- tante *(maternelle)*....... خالة khāla

Les expressions indispensables

ما اسْمُكَ؟

mā ʾismuka [m] • mā ʾismuki [f]
Comment tu t'appelles ?

اسْمي رَواد.

ʾismī rawād.
Je m'appelle Rawad.

أُعَرِّفُكَ بِسَمير، صديق الطُفولة.

ʾuʿarrifuka bi-samīr, ṣadīq aṭ-ṭufūla.
Je te présente Samir, un ami d'enfance.

تَشَرَّفنا. هَل تَتَكَلَّم الإِنْكليزِيَّة؟

tacharrafnā. hal tatakallam al-ʾinklīzīya ?
Enchanté(e). Parlez-vous anglais ?

مِن أَينَ أنت؟

min ʾayna ʾanta ?
Tu viens d'où ?

أنا فَرَنْسيّ(ة).

ʾanā faransī(a).
Je suis français(e).

Les expressions indispensables

أَتَكَلَّمُ العَرَبِيَّة قليلاً.
ʾatakallamu al-ʿarabīya qalīlan.
Je parle un peu l'arabe.

Mémorial du martyr, Alger

أَينَ تَسْكُنُ؟
ʾayna taskunu ?
Où habites-tu ?

أَسْكُنُ في بَيْروت.
ʾaskunu fī bayrūt.
J'habite à Beyrouth.

كَم عُمْرُك؟
kam ʿumruka [m] • kam ʿumruki [f]
Quel âge as-tu ?

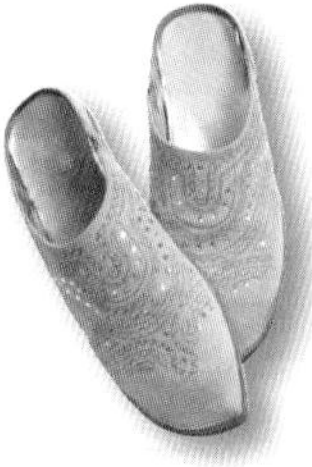

عُمْري ثلاثونَ عاماً.
ʿumrī thalāthūna ʿāman
J'ai trente ans.

لَدَيَّ أخان وأُخْت.
ladayya ʾakhān wa-ʾukht.
J'ai deux frères et une sœur.

2 Le travail

• travail .... عَمَل
ʿamal

• travailler .... عَمِل
ʿamila

أَعْمَلُ في مَرْسيليا.
ʾaʿmalu fī marsīlia.
Je travaille à Marseille.

أَنا عاطِل عَن العَمَل
ʾanā ʿāṭil ʿan al-ʿamal.
Je suis au chômage.

طَبيب(ة)
ṭabīb(a)
médecin

Les métiers

• acteur(trice) .... مُمَثِّل(ة)
mumaththil(a)

• chauffeur de taxi ... سائق سيّارة أُجْرة
sāʾiq sayyārat ʾujra

• homme d'affaires .... رَجُل أَعْمال
rajul ʾaʿmāl

• forgeron .... حَدّاد
ḥaddād

• ingénieur(e) .... مُهَنْدِس(ة)
muhandis(a)

- journaliste .... صِحافيّ(ة)
  ṣiḥāfī(a)
- enseignant(e) .... مُدَرِّس(ة)
  mudarris(a)

Le monde du travail

- employeur(euse) ... رَبّ(ة) عَمَل
  rabb(at) ʿamal
- directeur(trice).......... مُدير(ة)
  mudīr(a)
- employé(e)............ مُوَظَّف(ة)
  muwaẓẓaf(a)
- collègue .... زَميل(ة)
  zamīl(a)
- entreprise.................. شَرِكة
  charika
- salaire .... راتِب
  rātib

نادِل(ة)
nādil(a)
serveur(euse)

اجْتِماع
ijtimāʿ
réunion

ماذا تَعْمَل؟
mādhā taʿmal ?
Que fais-tu (comme travail) ?

أنا مُخْرِج مَسْرَحيّ.
ʾanā mukhrij masraḥī.
Je suis metteur en scène.

3 Les études

- étudier .... دَرَس
  darasa
- faire ses devoirs .... أَنْجَزَ فُروضَهُ
  ʾanjaza furūḍahu
- classe .... صَفّ
  ṣaff
- élève .... تِلْميذ(ة)
  tilmīdh(a)
- instituteur(trice) .... مُعَلِّم(ة) اِبْتِدائي(ة)
  muʿallim(a) ibtidāʾī(a)
- professeur(e) d'université .... أُسْتاذ(ة) جامِعيّ(ة)
  ʾustādh jāmiʿī
- terminer ses études .... أَنهى دِراسَتَهُ
  ʾanhā dirāsatahu

Niveaux éducatifs

- école .... مَدْرَسة
  madrasa
- lycée .... ثانَوِيّة
  thānawīya
- université .... جامِعة
  jāmiʿa

طالب
ṭālib
étudiant

Les expressions indispensables

أَدْرُسُ الفَلْسَفة في القاهِرة.

ʾadrusu al-falsafa fī al-qāhira.

J'étudie la philosophie au Caire.

هيَ مُتَخَرِّجة من جامِعة الجَزائِر.

hiya mutakharrija min jāmiʿat al-jazāʾir.

Elle est diplômée de l'université d'Alger.

جارُنا أُسْتاذ رِياضيّات في الثانويّة.

jārunā ʾustādh riyāḍīyāt fī ath-thānawīya.

Notre voisin est prof de maths au lycée.

AUB (American University of Beirut), Liban

4 La maison

- maison .... مَنْزِل
  manzil
- appartement .... شِقّة
  chiqqa
- louer *(prendre en location)* ... اِسْتَأْجَرَ
  ista'jara
- à louer .... للإيجار
  li-l-'ījār
- clé .... مِفْتاح
  miftāḥ

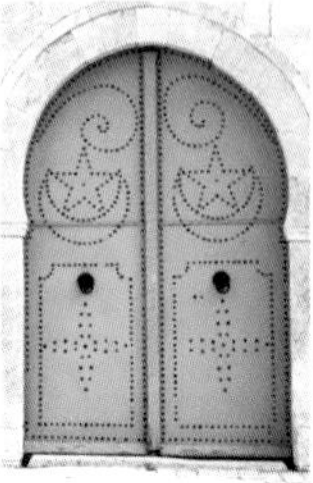

باب
bāb
porte

Les parties de la maison

- escaliers .... سَلالِم
  salālim
- ascenseur ..... مِصْعَد
  miṣ'ad
- pièce .... غُرْفة
  ghurfa
- jardin .... حَديقة
  ḥadīqa
- fenêtre .... نافِذة
  nāfidha

Manhattan du désert (Shibam), Yémen

ناطحة سَحاب
nāṭiḥat saḥāb
gratte-ciel

La cuisine et la salle à manger

- table...................... طاوِلة
  ṭāwila
- chaise.................... كُرسيّ
  kursī
- évier...................... مَجْلى
  majlā
- réfrigérateur............... بَرّاد
  barrād
- four........................ فُرْن
  furn
- lave-linge................ غسّالة
  ghassāla
- poubelle......... سَلّة مُهْمَلات
  sallat muhmalāt
- cafetière.................. رَكْوة
  rakwa
- poêle...................... مِقلاة
  miqlāt
- marmite.................... قِدْر
  qidr

إبْريق شاي
ʾibrīq chāy
théière

كَأْس
ka'ʾs
verre

طَبَق
ṭabaq
plat

- assiette .... صَحْن
  ṣaḥn
- bouteille .... قِنّينة
  qinnīna
- couteau .... سِكّين
  sikkīn
- fourchette .... شَوْكة
  chawka
- cuillère .... مِلْعَقة
  milᶜaqa
- torchon .... فوطة
  fūṭa

فِنْجان
finjān
tasse

La salle de bains

- shampooing .... غُسول
  ghusūl
- miroir .... مِرْآة
  mir'āt
- lavabo .... مَغْسَلة
  maghsala
- baignoire .... مَغْطَس
  maghṭas

صابون
ṣābūn
savon

- serviette ...... مِنْشَفة
  minchafa
- W-C .... مِرْحاض
  mirḥāḍ

Le salon

- canapé .... أريكة
  ʾarīka
- télé .... تِلْفاز
  tilfāz

La chambre

- lit .... سَرير
  sarīr
- couverture..... بَطّانيّة
  baṭṭānīya
- oreiller........ وِسادة
  wisāda

Le bureau

- bureau........ مَكْتَب
  maktab
- bibliothèque .. مَكْتَبة
  maktaba

مَعْجون أسْنان
maʿjūn ʾasnān
dentifrice

فُرشاة أسْنان
furchāt ʾasnān
brosse à dents

سَجّادة
sajjāda
tapis

La maison

غُرْفة نَوم

ghurfat nawm

chambre à coucher

غُرْفة جُلوس

ghurfat julūs

séjour

حَمّام

ḥammam

salle de bains

مَطْبَخ

maṭbakh

cuisine

شُرْفة

churfa

balcon

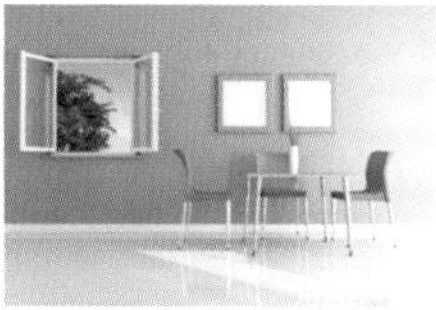

غُرْفة طَعام

ghurfat ṭaᶜām

salle à manger

Le bureau

شاشة
chācha
écran

كِتاب
kitāb
livre

فَأْرة
fa'ra
souris

لَوْحة مَفاتيح
lawḥat
mafātīḥ
clavier

مِمْحاة
mimḥāt
gomme

مِحْبَرة
miḥbara
encrier

مِصْباح
miṣbāḥ
lampe

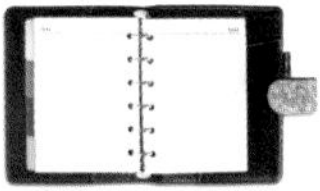

مُفَكَّرة
mufakkara
agenda

مِقْلَمة
miqlama
trousse

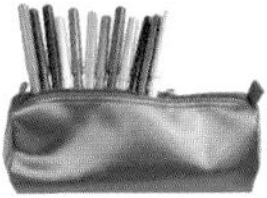

فلاش يو اس بي
flāch yū as bī
clé USB

قَلَم رَصاص
qalam raṣāṣ
crayon

مُنَبِّه
munabbih
réveil

نَظّارات
naẓẓārāt
lunettes

قَلَم حِبْر
qalam ḥibr
stylo

دَفْتَر
daftar
cahier

5 Naviguer sur Internet

- ordinateur .... حاسوب
  ḥāsūb
- Internet .... شَبَكة الإنْتِرْنَت
  chabakat al-ʾintirnat
- site Web .... مَوْقِع إلِكْتروني
  mawqiʿ ʾiliktrūnī
- télécharger .... حَمَّل
  ḥammala
- imprimer .... طَبَع
  ṭabaʿa
- fichier .... مِلَفّ
  milaff
- imprimante .... طابِعة
  ṭābiʿa
- Wi-Fi .... واي فاي
  way fay
- envoyer un e-mail .... أَرْسَلَ رِسالة إلِكْترونيّة
  ʾarsala risāla ʾiliktrūnīya
- recevoir un e-mail .... تَلَقّى رِسالة إلِكْترونيّة
  talaqqa risāla ʾiliktrūnīya

حاسوب مَحْمول
ḥāsūb maḥmūl
ordinateur portable

لَوح إلِكْتروني
lawḥ ʾiliktrūnī
tablette

6 Téléphoner

هاتِف مَحْمول
hātif maḥmūl
portable

- appeler .... اِتَّصَلَ
  ittaṣala
- répondre .... أَجابَ
  ʾajāba
- carte prépayée ..... بِطاقة مُسْبَقة الدَفْع
  biṭāqa musbaqat ad-dafʿ
- répondeur .... بَريد صَوْتي
  barīd ṣawtī
- coup de fil .... اِتِّصال هاتِفي
  ittiṣāl hātifī
- envoyer un texto ... أَرْسَلَ رِسالة قصيرة
  ʾarsala risāla qaṣīra

شاحِن
chāḥin
chargeur

آلو؟
ʾālū ?
Allô ?

أُريدُ التَكَلُّم مَع نادين مِنْ فَضْلِك.
ʾurīdu at-takallum maʿ nādīn min faḍlika.
Je voudrais parler à Nadine, s'il vous plaît.

لا أَسمَعُ جَيِّداً!
lā ʾasmaʿu jayyidan !
J'entends très mal !

7 Les loisirs et les sports

Les loisirs

- lire .... قَرَأَ
  qaraʾa
- peindre, dessiner .... رَسَمَ
  rasama
- jouer .... لَعِبَ
  laʿiba
- bricoler ..... قامَ بِأَعْمال يَدَوِيّة
  qāma bi-ʾaʿmāl yadawīya
- cuisiner .... طَبَخَ
  ṭabakha
- danser .... رَقَصَ
  raqaṣa
- chanter .... غَنّى
  ghannā
- s'amuser .... تَسَلّى
  tasallā
- faire de la photo .... مارَسَ التَصْوير
  mārasa at-taṣwīr
- jouer d'un instrument .... عَزَفَ على آلة
  ʿazafa ʿalā ʾāla

جَمَعَ طَوابِع
jamaʿa ṭawābiʿ
collectionner
les timbres

سافَرَ
sāfara
voyager

Les sports

- courir .... مارَسَ الهَرْوَلة
  mārasa al-harwala
- skier .... تَزَلَّجَ
  tazallaja
- nager .... سَبَحَ
  sabaḥa
- plonger .... غَطَسَ
  ghaṭasa
- gagner .... فازَ
  fāza
- perdre .... خَسِرَ
  khasira
- faire match nul .... تعادَلَ الفَريقان
  taʿādala al-farīqān
- s'échauffer .... أَحْمى عَضَلاته
  ʾaḥmā ʿaḍalātihi
- s'entraîner .... تَدَرَّبَ
  tadarraba
- s'étirer .... مدَّدَ عَضَلاته
  maddada ʿaḍalātihi

رَكِبَ الدَرّاجة
rakiba ad-darrāja
faire du vélo

اصْطادَ السَمَك
iṣṭāda as-samak
pêcher

L'équipement

- ballon .... كُرة
  kura
- balle .... طابة
  ṭāba
- raquette .... مِضْرَب
  miḍrab
- vélo .... درّاجة
  darrāja
- skateboard .... لَوْح تَزَلُّج
  lawḥ tazalluj
- maillot de bain .... لِباس بَحْر
  libās baḥr
- bonnet de bain...... قَلَنْسوة حَمّام
  qalansuwat ḥammām
- masque de plongée .... قِناع غطْس
  qināᶜ ghaṭs
- tuba .... أُنْبوب تَنَفُّس
  ʾunbūb tanaffus
- haltères .... ثَقّالة
  thaqqāla

نَظّارات سِباحة
nazzārāt sibāḥa
lunettes de natation

مِزْلَج بِعَجَلات
mizlaj bi-ᶜajalāt
rollers

Les loisirs et les sports

Les lieux

- salle de sport .... قاعة رياضة
  qāʿat riyāḍa
- vestiaire............... حُجْرة مَلابِس
  ḥujrat malābis
- stade .... مَلْعَب رياضيّ
  malʿab riyāḍī
- court de tennis... مَلْعَب كُرة مَضْرب
  malʿab kurat maḍrib
- terrain de foot........ مَلْعَب كُرة قَدَم
  malʿab kurat qadam

حَوْض سِباحة
ḥawḍ sibāḥa
piscine

La compétition

- joueur .... لاعِب
  lāʿib
- adversaire...................... خَصْم
  khaṣm
- arbitre .... حَكَم
  ḥakam
- match .... مُباراة
  mubārāt
- victoire .... فَوْز
  fawz

فَريق
farīq
équipe

Les sports

كُرة السَلّة
kurat al-salla
basket-ball

كُرة القَدَم
kurat al-qadam
football

رُكْبي
rukbī
rugby

كُرة الطاولة
kurat al-ṭāwila
tennis de table

رياضة بَدَنيّة
riyāḍa
badanīya
gymnastique

سِباق
sibāq
jogging

كُرة المَضْرب
kurat al-maḍrib
tennis

سِباحة
sibāḥa
natation

فُروسيّة
furūsīya
équitation

تَزَلُّج
tazalluj
ski

تَزَلُّج على الأَمْواج
tazalluj ʿalā al-ʾamwāj
surf

غَطْس
ghaṭs
plongée

Les loisirs

رَقْص مُعاصِر
raqṣ muʿāṣir
danse contemporaine

تَصْوير
taṣwīr
photographie

سينَما
sīnamā
cinéma

مَسْرَح
masraḥ
théâtre

رَقْص شَرْقي
raqṣ charqī
danse orientale

موسيقى
mūsīqā
musique

بَسْتَنة
bastana
jardinage

شِطْرَنْج
chiṭranj
échecs

اِسْتِرْخاء
istirkhāʾ
détente

يوغا
yūghā
yoga

وَرَق اللَعِب
waraq al-laʿib
cartes

مُطالَعة
muṭālaʿa
lecture

Les expressions indispensables

ما هيَ هِوايَتُهُ المُفَضَّلة؟

mā hiya hiwāyatuhu al-mufaḍḍala ?

Quel est son loisir préféré ?

أُمارِسُ الرِياضة كَثيراً.

'umārisu ar-riyāḍa kathīran.

Je fais beaucoup de sport.

أَلْعَبُ كُرة المَضْرِب.

'alᶜabu kurat al-maḍrib.

Je joue au tennis.

أَعْزِفُ على العود.

'aᶜzifu ᶜalā al-ᶜūd.

Je joue du luth.

لَيْسَ لَدَيَّ الكَثير مِنْ وَقْت الفَراغ.

laysa ladayya al-kathīr min waqt al-farāgh.

Je n'ai pas beaucoup de temps libre.

أَعْشَقُ التَنْبَلة.

'aᶜchaqu at-tanbala.

J'adore le farniente.

J’aime, je n’aime pas...

أُحِبُّ التَسَوُّق مَساءً.

ʾuḥibbu at-tasawwuq masāʾan.
J'aime faire les magasins le soir.

أَعْشَقُ اللُغة العَرَبِيّة.

ʾaʿchaqu al-lugha al-ʿarabīya.
J’adore la langue arabe.

أنا مولَعة بالرَقْص الشَرْقي.

ʾanā mūlaʿa bi-rraqṣ ach-charqī.
Je suis passionnée de danse orientale.

لا أُحِبُّ الكُرة الطائِرة (كَثيراً).

lā ʾuḥibbu al-kura aṭ-ṭāʾira (kathīran).
Je n’aime pas (beaucoup) le volley-ball.

أَكْرَهُ الاسْتيقاظ باكِراً.

ʾakrahu al-istīqāẓ bākiran.
Je déteste me lever tôt.

أُفَضِّلُ الجَبَل على البَحْر.

ʾufaḍḍilu al-jabal ʿalā al-baḥr.
Je préfère la montagne à la plage.

La musique

بوق
būq
cor

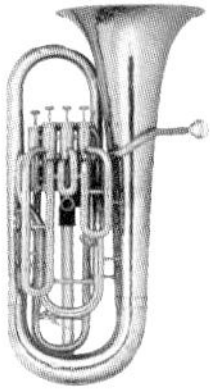

توبا
tūbā
tuba

سَكْسُفون
saksufūn
saxophone

مِزْمار
mizmār
flûte

ترومْبيت
trūmbīt
trompette

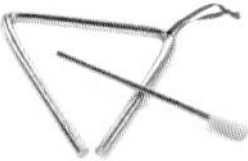

مُثَلَّث
muthallath
triangle

قيثارة
qīthāra
guitare

كَمان
kamān
violon

كَمان جَهير
kamān jahīr
violoncelle

بيانو
biānū
piano

طَبْل
ṭabl
batterie

Les instruments orientaux

رَبابة
rabāba
rebab

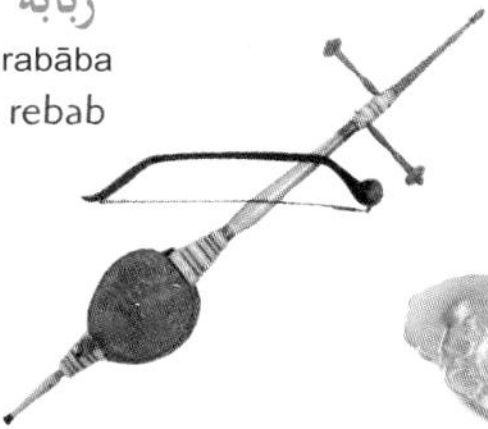

عود
ʿūd
oud

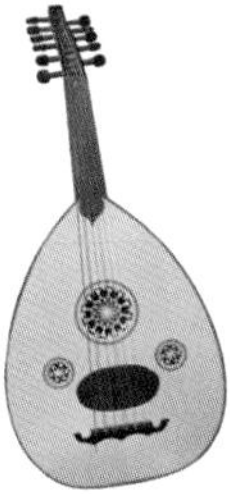

طَقْطاقة
ṭaqṭāqa
sagattes

زُرْنة
zurna
zourna

ناي
nāy
ney

قَراقِب
qarāqib
qraqeb

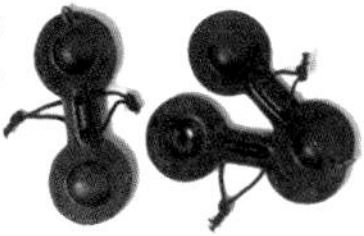

دِرْبَكّة
dirbakka
darbouka

سِنْتير
sintīr
sintir

رِقّ
riqq
riqq

8 La météo

- temps .... طَقْس
  ṭaqs
- météo .... أَرْصاد جَوِّيّة
  ʾarṣād jawwīya
- arc-en-ciel ..... قَوْس قُزَح
  qaws quzaḥ

شَمْس
chams
soleil

غَيْمة
ghayma
nuage

Les noms de la Lune

L'utilisation du calendrier lunaire dans le monde arabe confère à la Lune, قمر [qamar], une très grande importance culturelle. La Lune change de nom suivant sa forme. Le croissant de lune s'appelle هلال [hilal], c'est un symbole important de l'islam : il représente la fin du mois de ramadan et figure sur le drapeau de nombreux pays (Algérie, Tunisie, etc.), souvent à côté de l'étoile, نجم [najm], à cinq branches (les cinq piliers de l'islam). La pleine lune, elle, s'appelle بدر [badr].

إِنَّها تُمْطِر.
ʾinnahā tumṭir.
Il pleut.

إِنَّها تُثْلِج.
ʾinnahā tuthlij.
Il neige.

ثَمّة رِياح.
thammat riyāḥ.
Il y a du vent.

Quel temps fait-il ?

كَيْفَ هيَ حالة الطَقْس اليَوم؟
kayfa hiya ḥālat aṭ-ṭaqs al-yawm ?
Quel temps fait-il ?

الطَقْس جَميل.
aṭ-ṭaqs jamīl.
Il fait beau.

الطَقْس رَديء.
aṭ-ṭaqs radī'.
Il fait mauvais.

الطَقْس بارِد.
aṭ-ṭaqs bārid.
Il fait froid.

الطَقْس دافِئ.
aṭ-ṭaqs dāfi'.
Il fait bon.

الطَقْس حارّ.
aṭ-ṭaqs ḥārr.
Il fait chaud.

الطَقْس حارّ جِدًّا.
aṭ-ṭaqs ḥārr jiddan
Il fait très chaud.

Samarra (Irak)

9 Explorer la nature

- montagne .... جَبَل
  jabal
- campagne .... ريف
  rīf
- lac .... بُحَيْرة
  buḥayra
- fleuve, rivière.......... نَهْر
  nahr
- plage .... شاطِئ
  chāṭi'
- forêt.................. غابة
  ghāba
- vallée.................. واد
  wādin
- désert.............. صَحْراء
  ṣaḥrā'
- île .... جَزيرة
  jazīra
- golfe................ خَليج
  khalīj

la mer Rouge

بَحْر
baḥr
mer

Chebika, Tunisie

واحة
wāḥa
oasis

Les arbres et les fleurs

- arbre.............. شَجَرة
  chajara
- tronc .... جِذْع
  jidhᶜ
- branche .... غُصْن
  ghuṣn
- racines............ جُذور
  judhūr
- fruit................ ثَمَرة
  thamara
- fleur .... زَهْرة
  zahra
- herbe............. عُشْب
  ᶜuchb
- jardin............. حَديقة
  ḥadīqa
- bouquet............ باقة
  bāqa
- pot .... حَوْض
  ḥawḍ

وَرَقة
waraqa
feuille

نَبْتة
nabta
plante

Les arbres

شَجَرة الزَيْتون
chajarat al-zaytūn
olivier

سِنْديان
sindyān
chêne

أَرْز
ʾarz
cèdre

جُمَّيْز
jummayz
sycomore

صَنَوْبَر
ṣanawbar
pin

صَفْصاف
ṣafṣāf
saule pleureur

الأَرْقَن
al-arqan
arganier

نَخيل
nakhīl
palmier

Les fleurs

خُبَّيْزة
khubbayza
hibiscus

أُقْحوان
ʾuqḥuwān
marguerite

بَنَفْسَج
banafsaj
violette

دَوّار الشَمْس
dawwār al-chams
tournesol

سَحْلَبيّة
saḥlabīya
orchidée

ياسَمين
yāsamīn
jasmin

دِفْلى
diflā
laurier rose

خُزامى
khuzāmā
lavande

جِرْبارة
jirbāra
gerbera

سَنْط
sanṭ
mimosa

زَهْر البُرْتُقال
zahr al-burtuqāl
fleur d'oranger

سَوْسَنة
sawsana
iris

وَرْدة
warda
rose

قُرُنْفُلة
qurunfula
œillet

10 Les animaux

Les animaux de la ferme

- animal .... حَيوان
  ḥayawān
- coq .... ديك
  dīk
- poule .... دَجاجة
  dajāja
- vache .... بَقَرة
  baqara
- veau .... عِجْل
  ʿijl
- mouton .... خَروف
  kharūf

Les animaux sauvages

- ours .... دُبّ
  dubb
- éléphant .... فيل
  fīl
- tigre .... نَمِر
  namir
- girafe .... زَرافة
  zarāfa

أَرْنَب
ʾarnab
lapin

أَسَد
ʾasad
lion

- loup .... ذِئْب
dhiʾb
- renard .... ثَعْلَب
thaʿlab

Les oiseaux

- faucon.............. صَقْر
ṣaqr
- aigle .... نِسْر
nisr
- moineau............. دوريّ
dūrī
- hirondelle .... سُنونو
sunūnū
- rossignol .... بُلْبُل
bulbul

Les insectes

- insecte.............. حَشَرة
ḥachara
- mouche .... ذُبابة
dhubāba
- cigale.................. زيز
zīz

عُصْفور
ʿuṣfūr
oiseau

نَمْلة
namla
fourmi

Les animaux

سِنْجاب
sinjāb
écureuil

فأرة
faʾra
souris

جَمَل
jamal
chameau

ماعِز
māʿiz
chèvre

حِصان
ḥiṣān
cheval

كَلْب
kalb
chien

هِرّ
hirr
chat

ضِفْدَع
ḍifdaʿ
grenouille

حَيّة
ḥayya
serpent

دُعْسوقة
duʿsūqa
coccinelle

غَزال
ghazāl
gazelle

حِمار وَحْشيّ
ḥimār waḥchī
zèbre

Les animaux

حِمار
ḥimār
âne

طاووس
ṭāwūs
paon

بَبّغاء
babbaghā᾿
perroquet

نَحْلة
naḥla
abeille

عَقْرَب
ʿaqrab
scorpion

فَراشة
farācha
papillon

بَطّة
baṭṭa
canard

إوَزّة
᾿iwazza
oie

خِنْزير
khinzīr
cochon

بَعوضة
baʿūḍa
moustique

سَمْكة
samka
poisson

قِرْش
qirch
requin

حوت
ḥūt
baleine

11 La vie quotidienne

Le matin

- se réveiller .... اِسْتَيْقَظَ
  istayqaẓa
- se laver .... اِغْتَسَلَ
  ightasala
- se coiffer .... مَشَّطَ شَعْرَهُ
  machchaṭa chaʿrahu
- se brosser les dents.......... نَظَّفَ أَسْنانَهُ
  naẓẓafa ʾasnānahu
- s'habiller................ اِرتدى مَلابِسَهُ
  irtadā malābisahu
- prendre son petit déjeuner.......... فَطَرَ
  faṭara
- lire le journal.............. قَرَأَ الجَرِيدة
  qaraʾa al-jarīda
- aller à l'université.... ذَهَبَ إلى الجامِعة
  dhahaba ʾilā al-jāmiʿa
- arriver au bureau ... وَصَلَ إلى المَكْتَب
  waṣala ʾilā al-maktab
- prendre un café .... شَرِبَ القَهْوة
  chariba al-qahwa

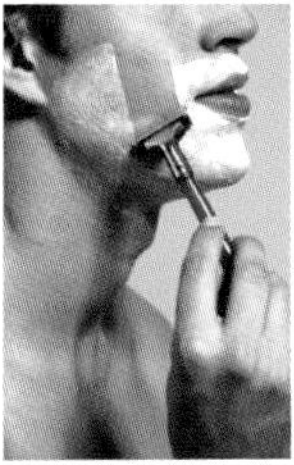

يَحْلُقُ
yaḥluqu
il se rase

تَكْتَحِلُ
taktaḥilu
elle se met du khôl

L'après-midi/Le soir

- rentrer à la maison... رَجَعَ إلى المَنْزِل
raja^ca 'ilā al-manzil

- prendre une douche .... اِسْتَحَمَّ
istaḥamma

- se reposer...................... اِسْتَراحَ
istarāḥa

- feuilleter un magazine.... تَصَفَّحَ مَجَلّة
taṣaffaḥa majalla

- goûter................ تناوَلَ العَصْرونيّة
tanāwala al-ʿaṣrūnīya

- dîner.......................... تَعَشّى
taʿachchā

- regarder une série ...... شاهَدَ مُسَلْسَل
chāhada musalsal

- fumer une cigarette ..... دَخَّنَ سيجارة
dakhkhana sījāra

- avoir sommeil.................... نَعَسَ
naʿasa

- rêver............................ حَلَمَ
ḥalama

اِلْتَقى بأصْدِقائه
iltaqā bi-aṣdiqā'ihi
retrouver ses amis

نامَ
nāma
dormir

12 Se déplacer en ville

- ville .... مَدينة
  madīna
- capitale............... عاصِمة
  ᶜāṣima
- trottoir .... رَصيف
  raṣīf
- rue .... شارِع
  chāriᶜ
- carrefour .... مُفْتَرَق طُرُق
  muftaraq ṭuruq
- place .... ساحة
  sāḥa
- feu rouge..... الضَوء الأَحْمَر
  aḍ-ḍawʾ al-ʾaḥmar
- école .... مَدْرَسة
  madrasa
- université.............. جامِعة
  jāmiᶜa
- bibliothèque .... مَكْتَبة
  maktaba

Constantine, Algérie

جِسْر
jisr
pont

صُنْدوق بَريد
sundūq barīd
boîte aux lettres

• mosquée .... مَسْجد
masjid

• minaret.................. مِئْذَنة
miᶜdhana

• temple .... مَعْبَد
maᶜbad

• synagogue .... كَنيس
kanīs

• hôpital .... مُسْتَشْفى
mustachfā

• banque .... مَصْرِف
maṣrif

• café...................... مَقْهى
maqhā

• hôtel .... فُنْدُق
funduq

• théâtre .... مَسْرَح
masraḥ

• musée .... مَتْحَف
matḥaf

Église du Saint-Sépulcre, Jérusalem

كَنيسة
kanīsa
église

مَطْعَم
maṭᶜam
restaurant

Les expressions indispensables

Mosquée Hassan II, Casablanca

أُريدُ الذَهاب إلى...

ʾurīdu adh-dhahāb ʾilā…

Je voudrais aller à…

هَل المَتْحَف بَعيد مِن هُنا؟

hal al-matḥaf baʿīd min hunā ?

Est-ce que le musée est loin d'ici ?

أَبْحَثُ عَنْ مَحطّة سَيّارات الأُجْرة.

ʾabḥathu ʿan maḥaṭṭat sayyārāt al-ʾujra.

Je cherche une station de taxis.

هَل بِإمْكانِكَ أن تَدُلّني إلى الصَيْدَلِيّة الأَقْرَب؟

hal bi-ʾimkānika ʾan tadullanī ʾilā aṣ-ṣaydalīya al-ʾaqrab ?

Pouvez-vous m'indiquer la pharmacie la plus proche ?

كَمْ تُساوي بِطاقة إلى الإسْكَنْدَريّة؟

kam tusāwī biṭāqa ʾilā al-ʾiskandarīya ?

Combien coûte un billet pour Alexandrie ?

أَيْنَ يُمكِنُنا شِراء تَذاكِر؟

ʾayna yumkinunā chirāʾ tadhākir ?

Où peut-on acheter des tickets ?

Les expressions indispensables

تَوَقَّفْ هُنا مِنْ فَضْلِك.

tawaqqaf hunā min faḍlika.

Arrêtez-vous ici, s'il vous plaît.

هَلْ يوجَدُ فَنادِق غَيْر مُرْتَفِعة الثَمَن قَريبة مِنْ هُنا؟

hal yūjadu fanādiq ghayr murtafiᶜat ath-thaman qarība min hunā ?

Y a-t-il des hôtels pas trop chers par ici ?

هَلْ تَسْتَطيعُ أنْ تَنْصَحَنا بِمَطْعَم جَيِّد في الحَيّ؟

hal tastaṭīᶜu ʾan tanṣaḥanā bi-maṭᶜam jayyid fī al-ḥayy ?

Pouvez-vous nous recommander un bon restaurant dans le quartier ?

أَيْنَ هي المَراحيض؟

ʾayna hiya al-marāḥiḍ ?

Où sont les toilettes ?

هَل يُمكِنُ أنْ تَأْخُذَ لَنا صورة فوتوغرافيّة؟

hal yumkinu ʾan taʾkhudha lanā ṣūra fūtūghrāfīya ?

Pourriez-vous nous prendre en photo ?

في أيّ ساعة يَفْتَحُ المَتْحَف أبوابَهُ؟

fī ayyi sāᶜa yaftaḥ al-matḥaf ʾabwābahu ?

À quelle heure ouvre le musée ?

13 Faire du shopping

- magasin .... مَتْجَر
  matjar
- centre commercial ..... مَرْكَز تِجاريّ
  markaz tijārī
- ouvert .... مَفْتوح
  maftūḥ
- fermé .... مُغْلَق
  mughlaq
- client .... زَبون
  zabūn
- vendeur(euse) .... بائع(ة)
  bā'iᶜ(a)
- cabine d'essayage... غُرْفة المَقاسات
  ghurfat al-maqāsāt
- prix .... سِعْر
  siᶜr
- payer .... دَفَع
  dafaᶜa
- caisse .... صُندوق مُحاسَبة
  sundūq muḥāsaba

Taroudant, Maroc

سوق
sūq
marché

اِشْتَرى
ichtarā
acheter

• liquide .... عُمْلة وَرَقيّة
ʿumla waraqīya

• carte bancaire .... بِطاقة مَصْرِفيّة
biṭāqa maṣrifīya

• bon marché .... زَهيد الثَمَن
zahīd ath-thaman

• cher .... غالٍ
ghālin

• gratuit .... مَجّاني
majjānī

• soldes .... تَخْفيضات
takhfīḍāt

• faire du shopping .... تَسَوَّق
tasawwaqa

• faire les courses .... قامَ بالمُشْتَرَيات
qāma bi-l-muchtarayāt

• faire un paquet-cadeau ..... لفَّ الهَدايا
laffa al-hadāya

• retirer de l'argent .... سَحَبَ النُقود
saḥaba an-nuqūd

باعَ
bāʿa
vendre

فُلوس
fulūs
argent

Faire du shopping

Les magasins

- boulangerie .... فُرْن
  furn
- boucherie .... مَلْحَمة
  malḥama
- barbier..................... حَلّاق
  ḥallāq
- coiffeur............ مُصَفِّف شَعْر
  muṣaffif chaʿr
- librairie......................... مَكْتَبة
  maktaba
- papeterie..................... قُرْطاسيّة
  qurṭāsīya
- magasin de vêtements.. مَتْجَر لِلْملابِس
  matjar li-l-malābis
- magasin de chaussures... مَتْجَر للأَحْذية
  matjar li-l-ʾaḥdhya
- bijouterie............. مَتْجَر مُجَوهَرات
  matjar mujawharāt
- bureau de tabac.............. دُكّان تَبْغ
  dukkān tabgh

بِقالة
biqāla
épicerie

صَيْدَليّة
ṣaydalīya
pharmacie

Les expressions indispensables

هَلْ عِنْدَك...؟

hal ʿindaka… ?

Vous avez… ?

أَنْظُرُ فَقَط.

ʾanẓuru faqaṭ.

Je regarde seulement.

souk d'Alep, Syrie

أَيْنَ غُرْفَة المقاسات؟

ʾayna ghurfat al-maqāsāt ?

Où se trouvent les cabines d'essayage ?

هذا كُلّ شَيء، شُكْراً.

hādhā kull chayʾ, chukran.

Ce sera tout, merci.

بِكَم؟

bi-kam ?

C'est combien ?

هَلْ يُمكِنُني الدَفْع بِبِطاقة الاعْتِماد؟

hal yumkinunī ad-dafʿ bi-biṭāqat al-iʿtimād ?

Est-ce que je peux payer par carte ?

Les épices

هال
hāl
cardamome

يانْسون
yānsūn
anis

باديان
bādyān
anis étoilé

زَعْفَران
zaʿfarān
safran

كُرْكُم
kurkum
curcuma

فُلْفُل
fulful
piment

فُلْفُل حُلو
fulful ḥulū
paprika

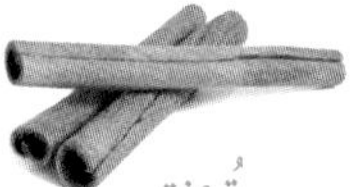

قُرْفة
qurfa
cannelle

كَبْش قَرَنْفُل
kabch qaranful
clou de girofle

زَنْجَبيل
zanjabīl
gingembre

سُمّاق
summāq
sumac

جَوْزة الطيب
jawzat aṭ-ṭīb
noix de muscade

كَمّون
kammūn
cumin

Les couleurs

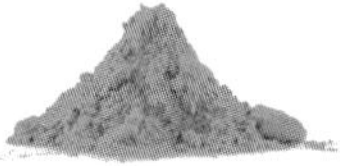

بُرْتُقالي
burtuqālī
orange

بُنّي
bunnī
marron

زَهْرِيّ
zahrī
rose

أَخْضَر
ʾakhḍar
vert

أَحْمَر
ʾaḥmar
rouge

أَزْرَق
ʾazraq
bleu

أَسْوَد
ʾaswad
noir

أَبْيَض
ʾabyaḍ
blanc

رَماديّ
ramādī
gris

أَصْفَر
ʾaṣfar
jaune

بَنَفْسَجِيّ
banafsajī
violet

لَوني المُفَضَّل هو الأَحْمَر.
lawnī al-mufaḍḍal huwa al-ʾaḥmar.
Le rouge est ma couleur préférée.

14 S'habiller

- s'habiller .... لَبِسَ ثِيابَهُ
  labisa thiyābahu
- se déshabiller....... خَلَعَ ثِيابَهُ
  khalaʿa thiyābahu
- porter, mettre .... لَبِسَ
  labisa
- porter *(des chaussures)* .... اِنْتَعَلَ
  intaʿala
- enlever .... خَلَعَ
  khalaʿa
- essayer .... قاسَ
  qāsa

Les vêtements

- pantalon .... سِرْوال
  sirwāl
- short............ سِرْوال قَصير
  sirwāl qaṣīr
- jupe .... تَنّورة
  tannūra
- pyjama .... بَدْلة نَوْم
  badlat nawm

قَميص
qamīṣ
chemise

جينْز
jīnz
jean

- fermeture Éclair .... سَحّاب
  saḥḥab
- manche.................... كُمّ
  kumm
- col......................... ياقة
  yāqa
- poche .... جَيْب
  jayb
- bouton .... زِرّ
  zirr

Les sous-vêtements

- slip, culotte..... سِرْوال داخِلي
  sirwāl dākhilī
- caleçon............ لِباس داخِلي
  libās dākhilī
- bas....................... جَوْرَب
  jawrab
- collant.......... جَوْرَب لَصوق
  jawrab laṣūq
- soutien-gorge .... صَدْرِيّة
  ṣadrīya

وشاح
wichāḥ
écharpe

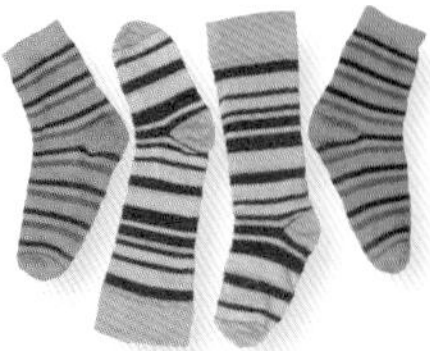

جَوارب
jawārib
chaussettes

Les chaussures

- chaussures .... حِذاء
  ḥidhā'
- chaussures de sport .... حِذاء رِياضة
  ḥidhā' riyāḍa
- talons hauts .... كَعْب عالٍ
  kaᶜb ᶜālin
- bottes .... جَزْمة
  jazma

Les bijoux

- argent .... فِضّة
  fiḍḍa
- or .... ذَهَب
  dhahab
- boucles d'oreilles .... قُرْط
  qurṭ
- bracelet .... سِوار
  siwār
- bracelet *(à la cheville)* .... خَلْخال
  khalkhāl
- collier .... عِقْد
  ᶜiqd

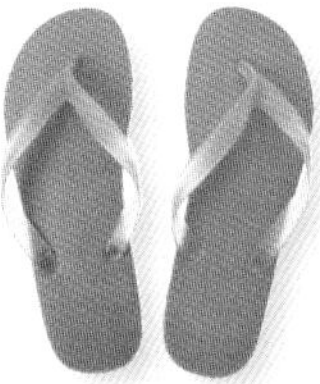

صَنْدَل بإصْبَع
ṣandal bi-'iṣbaᶜ
tong

خاتَم
khātam
bague

Les accessoires

- chapeau .... قُبَّعة
qubbaʿa
- ceinture .... حِزام
ḥizām
- cravate .... رَبْطة عُنُق
rabṭat ʿunuq

Les matières

- coton .... قُطْن
quṭn
- laine .... صوف
ṣūf
- lin .... كَتّان
kattān
- soie .... حَرير
ḥarīr
- cuir .... جِلْد
jild
- Nylon .... نَيْلون
naylūn
- plastique .... بلاستيك
blāstīk

ساعة
sāʿa
montre

بَوابيج مِنَ الجِلْد
bawābīj min al-jild
babouches en cuir

Les vêtements

بَدْلة
badla
costume

كَنْزة رياضيّة
kanza riyāḍīya
sweat-shirt

سِترة
sitra
veste

فُسْتان
fustān
robe

تي شيرت
tī chīrt
T-shirt

كَنْزة
kanza
pull

مُشَمَّع
muchammaʿ
imperméable

بَدْلة رياضيّة
badla riyāḍīya
survêtement

مِعْطَف
miʿṭaf
manteau

Les accessoires

قَلَنْسوة
qalansua
bonnet

قُفّازان
quffāzān
gants

طاقِيّة
ṭāqīya
casquette

مِظَلّة
miẓalla
parapluie

عِطْر
ʿiṭr
parfum

مَحْفَظة
maḥfaẓa
portefeuille

حَقيبة يَد
ḥaqībat yad
sac à main

نَظّارات شَمْسِيّة
naẓẓārāt chamsīya
lunettes de soleil

حَقيبة خَصْر
ḥaqībat khaṣr
banane

حَقيبة سَفَر
ḥaqībat safar
sac de voyage

حَقيبة كَتِف
ḥaqībat katif
sac à bandoulière

حَقيبة ظَهْر
ḥaqībat ẓahr
sac à dos

حَقيبة
ḥaqība
valise

Les habits traditionnels

دِشْداشة
dichdācha
dishdasha

جِلْباب
jilbāb
djellaba

طَرْبوش
ṭarbūch
tarbouche

شاشِيّة
chāchīya
chéchia

قُفْطان
quftān
caftan

Les foulards

حِجاب
ḥijāb
hidjab

نِقاب
niqāb
niqab

كوفِيّة
kūfīya
keffieh

شاش
chāch
chèche

15 Partir en vacances

- voyager .... سَافَرَ
  sāfara
- visiter .... زَارَ
  zāra
- réserver .... حَجَزَ
  ḥajaza
- louer .... اِسْتَأْجَرَ
  ista'jara
- touriste .... سَائِح
  sā'iḥ
- carte d'identité....... بِطاقة هُوِيّة
  biṭaqat huwīya
- visa .... تَأْشِيرة دُخول
  ta'chīrat dukhūl
- guide touristique ... دَليل سِياحي
  dalīl siyāḥī
- carte postale .... بِطاقة بَريديّة
  biṭāqa barīdīya
- timbre .... طابِع
  ṭabiᶜ

le Nil

رِحْلة مُوَفَّقة!

riḥla muwaffaqa !

Bon voyage !

جَواز سَفَر

jawāz safar

passeport

Les moyens de transport

- taxi .... سَيّارة أُجْرة
  sayyārat ʾujra
- métro........................ مِترو
  mitrū
- train .... قِطار
  qiṭār
- bateau........................ باخِرة
  bākhira
- avion .... طائِرة
  ṭāʾira
- parking .... مَوْقِف
  mawqif
- gare........................ مَحَطّة
  maḥaṭṭa
- gare routière...... مَحَطّة حافلات
  maḥaṭṭat ḥāfilāt
- port .... مَرْفأ
  marfaʾ
- aéroport.................... مَطار
  maṭār

سَيّارة
sayyāra
voiture

مَحَطّة سَيّارات الأُجْرة
maḥaṭṭat sayyārāt al-ʾujra
station de taxis

Les expressions indispensables

أُريدُ بِطاقة سَفَر إلى طَرابْلُس.

ʾurīdu biṭāqat safar ʾilā ṭarāblus.

Je voudrais un billet pour Tripoli.

بِطاقة ذَهاب وإياب مِن الدار البَيضاء إلى الرباط.

biṭāqat dhahāb wa-ʾīyāb min ad-dār al-bayḍāʾ ʾilā ar-ribāṭ.

Un aller-retour Casablanca-Rabat.

في أيِّ ساعة يَنْطَلِق القِطار القادِم باتِّجاه تونِس؟

fī ʾayyi sāʿa yanṭaliq al-qiṭār al-qādim bi-ittijāh tūnis ?

À quelle heure part le prochain train pour Tunis ?

كَمْ يَسْتَغْرِق الباص مِن الوَقت لِلوُصول إلى البَتْراء؟

kam yastaghriq al-bāṣ min al-waqt li-l-wuṣūl ʾilā al-batrāʾ ?

Combien de temps met le bus jusqu'à Pétra ?

كَمْ تُكَلِّف سيّارة الأُجْرة مِنْ بَيروت إلى دِمَشْق؟

kam tukallif sayyārat al-ʾujra min bayrūt ʾilā dimachq?

Combien coûte un taxi Beyrouth-Damas ?

كَيفَ يُمْكِنُني الذَهاب إلى القُدْس؟

kayfa yumkinunī adh-dhahāb ʾilā al-quds ?

Comment puis-je aller à Jérusalem ?

Partir en vacances

L'hébergement

- hôtel .... فُنْدُق
  funduq
- auberge de jeunesse...... بَيْت الشَباب
  bayt ach-chabāb
- chambre d'hôte... فُنْدُق مَبيت وإفْطار
  funduq mabīt wa-ʾifṭār

À l'hôtel

- chambre simple .... غُرْفة مُنْفَرِدة
  ghurfa munfarida
- chambre double........... غُرْفة مُزْدَوِجة
  ghurfa muzdawija
- climatisation..................... تَكييف
  takyīf

مُخَيَّم
mukhayyam
camping

اِسْتِقْبال
istiqbāl
réception

هَل الإفْطار مَشْمول؟
hal al-ʾifṭār machmūl ?
Le petit déjeuner est-il inclus ?

هَل يُمْكِنُكَ إيقاظي في الساعة السابِعة؟
hal yumkinuka ʾīqāẓī fī as-sāʿa as-sābiʿa ?
Pourriez-vous me réveiller à sept heures ?

16 Le corps humain

- tête .... رَأْس
  ra'ʾs

- cheveux .... شَعْر
  chaʿr

- œil .... عَين
  ʿayn

- nez .... أَنْف
  ʾanf

- dents .... أَسْنان
  ʾasnān

- oreille .... أُذُن
  ʾudhun

- bouche .... فَم
  fam

- bras .... ذِراع
  dhirāʿ

- jambe .... ساق
  sāq

- pied .... رِجْل
  rijl

وَجْه
wajh
visage

يَد
yad
main

17 La santé

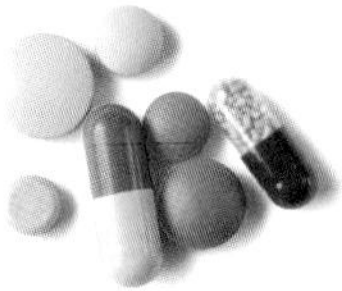

دَواء
dawāʾ
médicament

- toux .... سُعال
  suʿāl
- fièvre .... حُمّى
  ḥumma
- diarrhée .... إسْهال
  ʾishāl
- nausée .... غَثَيان
  ghathayān

رَأْسي يُؤْلِمُني.
raʾsī yuʾlimunī.
J'ai mal à la tête.

لَسْتُ بِحالة جَيِّدة.
lastu bi-ḥāla jayyida.
Je ne me sens pas très bien.

لَدَيَّ حَساسيّة مِن الأسبِرين.
ladayya ḥasāsīya min al-ʾasbirīn.
Je suis allergique à l'aspirine.

أُصِبْتُ بِزُكام.
ʾuṣibtu bi-zukām.
J'ai attrapé un rhume.

رَحِمَكَ الله!
raḥimaka allāh !
À tes souhaits !

18 Boire et manger

- manger .... أَكَلَ
  ʾakala
- boire .... شَرِبَ
  chariba
- goûter .... ذاقَ
  dhāqa
- cuire .... طَها
  ṭahā
- avoir faim .... جاعَ
  jāʿa
- avoir soif .... عَطِشَ
  ʿaṭicha
- prendre le petit déjeuner .... فَطَرَ
  faṭara
- déjeuner .... تَغَدّى
  taghaddā
- dîner .... تَعَشّى
  taʿachchā
- servir .... قَدَّمَ
  qaddama

طَبَخَ
ṭabakha
cuisiner

العَشاء حاضِر!
al-ʿachāʾ ḥāḍir !
Le dîner est prêt !

Les boissons

- eau .... ماء
  mā'
- thé .... شاي
  chāy
- café .... قَهْوة
  qahwa
- lait .... حَليب
  ḥalīb
- lait fermenté .... لَبَن
  laban
- jus de canne ..... عَصير القَصَب
  ʿaṣīr al-qasab
- karkadé .... كَرْكَديه
  karkadī
- bière .... بيرة
  bīra
- vin .... نَبيذ
  nabīdh
- arak *(sorte d'anisette)* .... عَرَق
  ʿaraq

عَصير البُرْتُقال
ʿaṣīr al-burtuqāl
jus d'orange

شاي بالنَعْناع
chāy bi-nnaʿnāʿ
thé à la menthe

- farine .... دَقيق
daqīq
- riz .... أَرُزّ
ʾaruzz
- pâtes .... مَعْكَرونة
maᶜkarūna
- pain .... خُبْز
khubz
- fromage .... جُبْنة
jubna
- beurre .... زُبْدة
zubda
- huile d'olive ...... زَيْت زَيْتون
zayt zaytūn
- lentilles .... عَدَس
ᶜadas
- haricots blancs ...... فاصولياء
fāṣūliāʾ
- fèves .... فول
fūl

سَميد
samīd
semoule

بَيْض
bayḍ
œuf

حُمُّص
ḥummuṣ
pois chiches

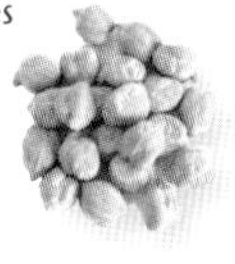

Les légumes frais

- carotte .... جَزَرة
jazara
- concombre .... خِيارة
khiyāra
- poivron .... فُلَيْفِلة
fulayfila
- pommes de terre .... بَطاطا
baṭāṭā
- oignons .... بَصَل
baṣal
- ail .... ثوم
thūm
- courgettes .... كوسا
kūsā
- petits pois .... بازِلّاء
bāzillā'
- haricots verts .... لوبياء
lūbiā'
- champignons .... فِطْر
fiṭr

بَنَدورة
banadūra
tomate

باذِنْجان
bādhinjān
aubergines

- viande .... لَحْم
lahm

- viande de bœuf .... لَحْم البَقَر
lahm al-baqar

- viande d'agneau..... لَحْم الحَمَل
lahm al-hamal

- viande de mouton... لَحْم الضَأْن
lahm ad-da'n

- viande de dinde.... دَجاج حَبَشِيّ
dajāj habachī

- poulet .... فَرّوج
farrūj

- foie .... كَبِد
kabid

- brochette.................... سيخ
sīkh

- steak.................. شَريحة لَحم
charīhat lahm

- saucisses .... نَقانِق
naqāniq

سَمَك
samak
poisson

بَطاطا مَقْليّة
batātā maqlīya
frites

- sel .... مِلْح
  milḥ
- poivre .... بَهار
  bahār

Les desserts

- sucre.................. سُكَّر
  sukkar
- mélasse .... دِبْس
  dibs
- gâteau.............. حَلْوى
  ḥalwā
- tarte................ فَطيرة
  faṭīra
- glace................. بوظة
  būẓa
- yaourt........... لَبَن رائب
  laban rā'ib
- chocolat........ شوكولاتة
  chūkūlāta
- bonbons.......... سَكاكِر
  sakākir

عَسَل
ʿasal
miel

مُرَبّى
murabbā
confiture

Les plantes aromatiques

صَعْتَر
ṣaʿtar
thym

غار
ghār
laurier

حَبَق
ḥabaq
basilic

بَقْدونِس
baqdūnis
persil

كُزْبَرة
kuzbura
coriandre

شِبْث
chibth
aneth

إكْليل الجَبَل
ʾiklīl al-jabal
romarin

طَرْخون
ṭarkhūn
estragon

نَمّام
nammām
origan

مَرْدَقوش
mardaqūch
marjolaine

نَعْناع
naʿnāʿ
menthe

ناعِمة
nāʿima
sauge

Les fruits

لَيْمونة
laymūna
citron

بُرْتُقالة
burtuqāla
orange

صَبّار
ṣabbār
figue de barbarie

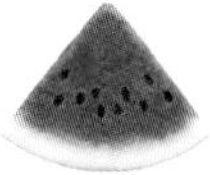

بَطّيخ أَحْمَر
baṭṭīkh ʾaḥmar
pastèque

مِشْمِشة
michmicha
abricot

لَوْزة
lawza
amande

تُفّاحة
tuffāḥa
pomme

دُرّاقة
durrāqa
pêche

شَمّامة
chammāma
melon

إجاصة
ʾijāṣa
poire

خَوْخة
khawkha
prune

كَرْزة
karza
cerise

تينة
tīna
figue

فَراولة
farāwila
fraise

مَوْزة
mawza
banane

تَمْرة
tamra
datte

عِنَب
ʿinab
raisin

أناناس
ʾanānās
ananas

Les expressions indispensables

أُريدُ أنْ أَحْجُزَ طاوِلة لِشَخْصَين.

ʾurīdu ʾan ʾaḥjuza ṭāwila li-chakhṣayn.

Je voudrais réserver une table pour deux personnes.

ما هِيَ الأَطْباق الخاصّة بالمِنْطَقة؟

mā hiya al-ʾaṭbāq al-khāṣṣa bi-l-minṭaqa ?

Quels sont les plats typiques de la région ?

ما هُوَ الطَبَق اليَوْمي؟

mā huwa aṭ-ṭabaq al-yawmī ?

Quel est le plat du jour ?

أنا نباتي.

anā nabātī.

Je suis végétarien.

هَنيئًا مَريئًا!

hanīʾan marīʾan !

Bon appétit !

سَآخُذُ مِن الخُبْز مَرَّة أُخْرى لَو سَمَحْت.

sa-ʾākhudhu min al-khubz marra ʾukhrā law samaḥt.

Je reprendrai du pain, s'il vous plaît.

Les expressions indispensables

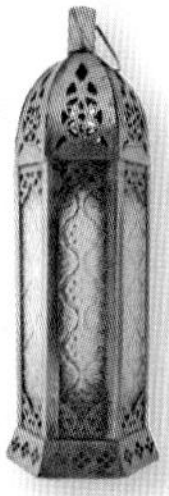

أُريدُ قَهْوة دونَ هال.

ʾurīdu qahwa dūna hāl.

Je voudrais un café sans cardamome.

شُكْراً، كانَت وَجْبة شَهِيّة جِدًّا.

chukran, kānat wajba chahīya jiddan.

Merci, c'était vraiment délicieux.

بِصِحَّتِك.

bi-ṣiḥḥatik.

À ta santé !

لا أَشْرَبُ الكُحول.

lā ʾachrabu al-kuḥūl.

Je ne bois pas d'alcool.

Khan el-Khalili, Le Caire (Égypte)

الحِساب لَو سَمَحْت.

al-ḥisāb law samaḥt.

L'addition, s'il vous plaît.

أَعْتَقِدُ أنَّ هُناكَ خطأ في الحِساب.

ʾaʿtaqidu ʾanna hunāka khaṭaʾ fī al-ḥisāb.

Je pense qu'il y a une erreur dans l'addition.

La cuisine arabe

شُرْبة
churba
chorba

طاجِن
ṭājin
tajine

كُسْكُس
kuskus
couscous

كُشَري
kucharī
koshari

فَلافِل
falāfil
falafel

La cuisine arabe

مُلوخيّة
mulūkhīya
mouloukhia

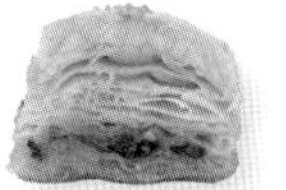

بَقلاوة
baqlāwa
baklava

مَقْروض
maqrūḍ
makrout

تَبّولة
tabbūla
taboulé

حُمُّص
ḥummuṣ
houmous

سلّو
sllū
sellou

كَعْب الغَزال
kaʿb al-ghazāl
cornes de gazelle

19 Les nombres

0	صِفْر	ṣifr	٠
1	واحِد	wāḥid	١
2	اثْنان	ithnān	٢
3	ثَلاثة	thalātha	٣
4	أَرْبعة	ʾarbaʿa	٤
5	خَمْسة	khamsa	٥
6	سِتَّة	sitta	٦
7	سَبْعة	sabʿa	٧
8	ثَمانية	thamāniya	٨
9	تِسْعة	tisʿa	٩
10	عَشَرة	ʿachara	١٠
11	أَحَدَ عَشَر	ʾaḥada ʿachar	١١
12	اثْنا عَشَر	ithnā ʿachar	١٢
13	ثَلاثةَ عَشَر	thalāthata ʿachar	١٣
14	أَرْبعةَ عَشَر	ʾarbaʿata ʿachar	١٤
15	خَمْسةَ عَشَر	khamsata ʿachar	١٥
16	سِتَّةَ عَشَر	sittata ʿachar	١٦
17	سَبْعةَ عَشَر	sabʿata ʿachar	١٧
18	ثَمانيةَ عَشَر	thamāniyata ʿachar	١٨
19	تِسْعةَ عَشَر	tisʿata ʿachar	١٩

20	عِشْرون	ʿichrūn	٢٠
21	واحِد وعِشْرون	wāḥid wa-ʿichrūn	٢١
22	اثنان وعِشرون	ithnān wa-ʿichrūn	٢٢
30	ثَلاثون	thalāthūn	٣٠
40	أَرْبَعون	ʾarbaʿūn	٤٠
50	خَمْسون	khamsūn	٥٠
60	سِتّون	sittūn	٦٠
70	سَبْعون	sabʿūn	٧٠
71	واحِد وسَبْعون	wāḥid wa-sabʿūn	٧١
80	ثَمانون	thamānūn	٨٠
81	واحِد وثَمانون	wāḥid wa-thamānūn	٨١
90	تِسْعون	tisʿūn	٩٠
91	واحِد وتِسْعون	wāḥid wa-tisʿūn	٩١
100	مِئة	miʾa	١٠٠
101	مِئة وواحِد	miʾa wa-wāḥid	١٠١
200	مِئتان	miʾatān	٢٠٠
1000	أَلْف	ʾalf	١٠٠٠

في عام أَلْفَيْن وثَلاثة عَشَر

fī ʿām ʾalfayn wa-thalāthat ʿachar

en 2013

20 La division du temps

Les jours de la semaine

lundi	الإِثْنَيْن	al-ʾithnayn
mardi	الثُلاثاء	ath-thulāthāʾ
mercredi	الأَرْبِعاء	al-ʾarbiʿāʾ
jeudi	الخَميس	al-khamīs
vendredi	الجُمُعة	al-jumuʿa
samedi	السَّبْت	as-sabt
dimanche	الأَحَد	al-ʾaḥad

Les saisons

printemps	رَبيع	rabīʿ
été	صَيْف	ṣayf
automne	خَريف	kharīf
hiver	شِتاء	chitāʾ

Les mois de l'année	en Afrique du Nord		au Moyen-Orient	
janvier	يَناير	yanāyir	كانون الثّاني	kānūn ath-thānī
février	فِبْرايِر	fibrāyir	شُباط	chubāṭ
mars	مارْس	mārs	آذار	ʾādhār
avril	أَبْريل	ʾabrīl	نَيْسان	naysān
mai	مايو	māyū	أَيّار	ʾayyār
juin	يونْيو	yūnyū	حُزَيْران	ḥuzayrān
juillet	يوليو	yūlyū	تَمّوز	tammūz
août	أَغُسْطُس	aghusṭus	آب	ʾāb
septembre	سِبْتَمْبِر	sibtambir	أَيْلول	ʾaylūl
octobre	أُكْتوبَر	ʾuktūbar	تِشْرين الأَوَّل	tichrīn al-ʾawwal
novembre	نوفَمْبِر	nūfambir	تِشْرين الثّاني	tichrīn ath-thānī
décembre	ديسَمْبَر	dīsambar	كانون الأَوَّل	kānūn al-ʾawwal

C'est l'heure !

كَم الساعة؟ kam as-sāʿa ? Quelle heure est-il ?

إنَّهُ الظُهْر.
ʾinnahu aẓ-ẓuhr.
Il est midi.

الساعة الثانية.
as-sāʿa ath-thāniya.
Il est deux heures.

الساعة الثالِثة والرُبْع.
as-sāʿa ath-thālitha wa-rrubʿ.
Il est trois heures et quart.

الساعة الرابِعة والثُلُث.
as-sāʿa ar-rābiʿa wa-ththuluth.
Il est quatre heures vingt.

الساعة الخامِسة والنِّصْف.
as-sāʿa al-khāmisa wa-nniṣf.
Il est cinq heures et demie.

الساعة الرابعة إلاّ ثُلُثًا.
as-sāʿa ar-rābiʿa ʾilla thuluthan.
Il est six heures moins vingt.

الساعة السابعة إلاّ رُبْعًا.

as-sāʿa as-sābiʿa ʾillā rubʿan.

Il est sept heures moins le quart.

إنَّها ساعة نِصْف اللَّيْل.

ʾinnahā sāʿat niṣf al-layl.

Il est minuit.

maintenant	الآن	al-ʾān
avant	قَبْل	qabl
après	بَعد	baʿd
pendant	خِلال	khilāl
depuis	مُنْذُ	mundhu
dans	في	fī
toujours	دائمًا	dāʾiman
souvent	غالِبًا	ghāliban
parfois	أَحْيانًا	ʾaḥyānan
rarement	نادِرًا	nādiran
jamais	أَبَدًا	ʾabadan
bientôt	قَريبًا	qarīban

Crédits photographiques

© fotolia.com : Africa Studio p. 81 ; Aleksandar Jocic p. 61 ; Alekss p. 42 ; Alexander Maier p. 42 ; ALEXANDER PODSHIVALOV p. 60 ; Alexey Klementiev p. 77 ; Alfi p. 33 ; Anatoliy Sadovskiy p. 59 ; Anatoly Tiplyashin p. 29 ; Andrea Petrlik Huseinovic p. 34 ; Anna Khomulo p. 39 ; Anna Poltoratskaya p. 26 ; apfelweile p. 43 ; Beata Wojciechowska p. 21 ; Beboy p. 38 ; BONZAMI Emmanuelle p. 43 ; Bruce Parrott p. 28 ; ChantalS p. 81 ; CHPictures p. 46 ; Chris Elwell p. 29 ; Diana Taliun p. 39 ; Dmitry p. 38 ; drfotografie p. 48 ; drx p. 29 ; Elena Elisseeva p. 39 ; Elnur pp. 29, 43, 61 ; emily2k p. 39 ; eovsyannikova p. 39 ; Eric Isselée pp. 40, 42, 43 ; Ericos p. 33 ; Feng Yu p. 21 ; FRANCK CAMHI p. 28 ; GoodMood Photo p. 60 ; Gosia Biernikiewicz p. 11 ; grekoff p. 21 ; HORIKOSHI,S p. 39 ; igor terekhov p. 39 ; Inna Yakusheva p. 38 ; Irina Tischenko p. 42 ; jean song p. 29 ; Jean-Luc Bohin p. 50 ; juland p. 66 ; Kathleen Melis p. 61 ; Kayros Studio p. 60 ; kontur-vid p. 61 ; Koufax73 p. 28 ; ktsdesign p. 29 ; Kudrin Ruslan p. 61 ; Liliia Rudchenko p. 39 ; lily p. 37 ; Ljupco Smokovski pp. 25, 28 ; Marina Gorskaya p. 28 ; martine wagne p. 39 ; MartinW p. 39 ; matin p. 77 ; Mist p. 77 ; Mojzes Igor p. 62 ; neirfy p. 74 ; Nghe Tran p. 21 ; Nikolai Sorokin p. 28 ; nuttakit p. 21 ; objectsforall p. 42 ; Oleg Seleznev p. 62 ; Olga Sapegina p. 61 ; Pakhnyushchyy p. 42 ; Patrice BOUCHER p. 21 ; Patrick Hermans p. 28 ; paylessimages p. 43 ; PEKUR OLEKSANDR p. 32 ; Perytskyy p. 61 ; photomaru p. 75 ; Picture Partners p. 80 ; Pixlmaker p. 21 ; Robert Babczynski p. 21 ; Ruzanna Arutyunyan p. 61 ; Sander p. 28 ; Scanrail p. 23 ; stickmyhome p. 43 ; Success p. 37 ; tadija p. 57 ; Thierry Hoarau p. 81 ; Timonova Ekaterina p. 43 ; Tommy Schultz p. 43 ; Tomo Jesenicnik p. 28 ; tsach p. 38 ; Valentyn Volkov p. 77 ; Vinicius Tupinamba p. 43 ; Yahia LOUKKAL p. 11, 53, 64 ; yasonya p. 77 ; zakaz p. 60, 61 ; zirconicusso p. 21.

© istockphoto.com : Bartosz Hadyniak pp. 29, 68 ; Donald L Erickson p. 62 ; Igor Yu. Groshev p. 48 ; Joakim Leroy p. 63 ; Jodie Coston p. 30 ; Joel Carillet p. 79 ; Nicolas McComber p. 33 ; Picture Partners pp. 53, 70, 71, 80, 81 ; Wessam Eldeeb pp. 10, 31.

© Larousse : Marie-José Jarry p. 81 ; Giovanni Picci pp. 47, 67, 80 ; Olivier Ploton pp. 33, 51, 81.

© thinkstockphotos.fr : 123render p. 21 ; 663983 p. 76 ; Alasdair Thomson p. 55 ; Aleksandr Stennikov p. 77 ; Alessandro Dal Maso p. 52 ; Alexander Yakovlev p. 29 ; Alfredo Carrión Garcia p. 20 ; Andrei Kiselev p. 74 ; Andrei Männik p. 71 ; Andrjuss Soldatovs p. 76 ; Andrzej Tokarski p. 69 ; Aneta Skoczewska p. 16 ; angelo gilardelli p. 61 ; Anna Kucherova p. 77 ; Anna Utekhina p. 42 ; AntiMartina p. 54 ; Anton Ignatenco pp. 54, 77 ; Anton Prado PHOTOGRAPHY p. 75 ; ariwasabi p. 45 ; arlindo71 p. 41 ; Arunas Gabalis p. 32 ; Bernhard Richter p. 47 ; Caglar Erkenci p. 7 ; camilla wisbauer p. 67 ; Catherine Yeulet p. 13 ; Daleen Loest p. 79 ; de santis paolo p. 20 ; Dean Mitchell p. 60 ; Digital Vision. p. 44 ; Dmitry Margolin p. 43 ; elena moiseeva p. 54 ; Elena Schweitzer pp. 32, 54 ; Elnur Amikishiyev p. 61 ; Eric Isselée pp. 40, 42, 43 ; EuToch p. 39 ; Eva Rapoport p. 78 ; fcdb p. 24 ; Feng Yu p. 28 ; Filiz TARKSEVEN p. 24 ; firatgocmen p. 20 ; Fouad Brigui p. 20 ; Frans Rombout p. 54 ; Fuse p. 63 ; Gautier Willaume p. 51 ; George Doyle p. 12 ; George Nazmi Bebawi p. 30 ; Getty Images/iStockphoto p. 18 ; hans slegers p. 13 ; Hieng Ling Tie p. 77 ; horiyan p. 32 ; Igor Dutina p. 72 ; Igor Groshev p. 36 ; IGOR KOVALCHUK p. 7 ; iLexx p. 32 ; ilker canikligil p. 33 ; Ingram Publishing p. 62 ; iStockphoto p. 6 ; Ivan Bliznetsov p. 77 ; jasminam p. 53 ; Jeff Huting p. 22 ; Joel Carillet p. 15 ; John Foxx p. 42 ; juan moyano pp. 39, 56, 72 ; Jupiterimages p. 44 ; Juri Semjonow p. 27 ; Kajdi Szabolcs p. 54 ; Kamil Cwiklewski pp. 29, 32 ; kevin browne p. 63 ; Konstantin Kalishko p. 16 ; Kseniya Abramova pp. 28, 42 ; Kuznetsov Dmitry p. 37 ; Laurent davoust p. 22 ; Le Do p. 76 ; Leah-Anne Thompson p. 6 ; Levent Konuk p. 36 ; Luisa Puccini p. 18 ; Maarten Steffens p. 29 ; MagiCam p. 10 ; Maksym Bondarchuk p. 38 ; Maria?eras?menko p. 58 ; Marilyn Barbone p. 38 ; Maros Markovic p. 20 ; Matthew Williams-Ellis p. 52 ; Medioimages/Photodisc p. 22 ; -M-I-S-H-A- p. 32 ; morningarage p. 77 ; Nastco p. 23 ; Nikolay Pozdeev p. 77 ; Nour El Refai p. 46 ; Oleg Seleznev p. 19 ; Olga Popova pp. 23, 55, 57 ; Paul Hakimata p. 29 ; pdiaz p. 49 ; Pekka Jaakkola p. 65 ; Peter Gudella p. 32 ; Peter Zijlstra p. 77 ; Photodisc pp. 28, 60 ; PIKSEL p. 29 ; Pixland p. 27 ; raferto p. 21 ; Ragne Kabanova pp. 20, 70 ; Ramona smiers p. 26 ; robert van beets p. 25 ; Robyn Mackenzie pp. 73, 76, 80 ; Rodrigo Blanco p. 32 ; Roman Shyshak p. 73 ; Ron Chapple Stock p. 58 ; Rusanovska p. 34 ; Ryan McVay p. 8 ; Sasa Milosevic p. 33 ; sebasebo p. 55 ; Sergii Figurnyi p. 19 ; SMarina p. 33 ; Steve Goodwin p. 21 ; Steyno p. 21 ; Stockbyte pp. 32, 60, 61, 62 ; Sufi70 p. 77 ; Sylwia Kachel pp. 54, 55, 76 ; Tang Chuin Hao p. 76 ; Tatiana Kozachenko p. 17 ; Teresa Azevedo pp. 72, 76 ; Terrance Emerson p. 39 ; threeart p. 76 ; Tom Fakler p. 38 ; Tomasz Parys p. 65 ; Uliana Khramkina p. 76 ; Vassiliy Vishnevskiy p. 41 ; VeryOlive p. 6 ; Victoria Rayu p. 61 ; VizArch p. 34 ; vladislav mitic p. 60 ; wayne langley p. 59 ; Werner Münzker p. 76 ; Witold Ryka p. 64 ; wrangel p. 24 ; Yasonya p. 54 ; Ying Feng Johansson p. 17 ; yuliang11 p. 35 ; Yuriy Panyukov p. 29 ; Zlatko Kostic p. 45 ; zoomstudio p. 60 ; Zoonar RF p. 17 ; Zoonar RF p. 56 ; Zoonar RF p. 76 ; Zubaida Yahya p. 63.

© Wikipedia : Habib M'henni p. 81 ; Tropenmuseum of the Royal Tropical Institute (KIT) p. 33.

Imprimé en Italie chez L.E.G.O. S.p.A. Vicenza
Dépôt légal : février 2013 – 310382
N° de projet : 11020419 – janvier 2013